AF257501

L'ASSEMBLÉE NATIONALE

JUSTIFIÉE

DES CALOMNIEUSES IMPUTATIONS

D'HÉRÉSIE,

Dont la charge l'Auteur d'une infâme Brochure intitulée : *CATÉCHISME RAISONNÉ*, etc.

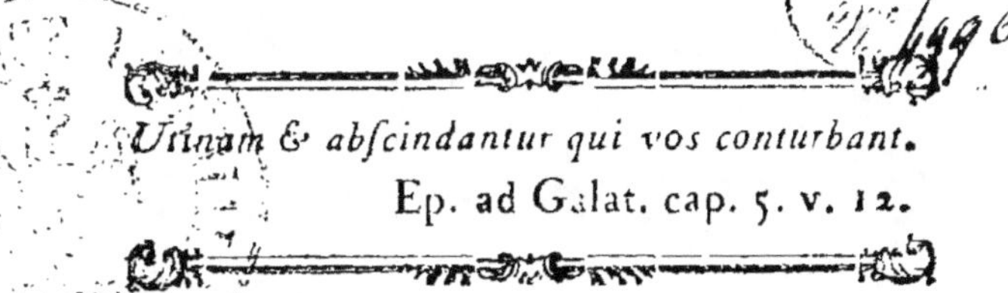

Utinam & abscindantur qui vos conturbant.
Ep. ad Galat. cap. 5. v. 12.

A BEAUNE,

Chez FRANÇOIS BERNARD, Imprimeur-
Libraire.

1791.

L'ASSEMBLÉE NATIONALE
JUSTIFIÉE
DES CALOMNIEUSES IMPUTATIONS
D'HÉRÉSIE, &c.

Depuis long-temps je défirois me procurer la lecture d'une fameuse brochure en singulière vénération dans le parti réfractaire ; mais, où il est aussi très-recommandé de ne la communiquer qu'avec les plus grandes précautions, de bien prendre garde sur-tout qu'elle ne tombe entre les mains d'aucun constitutionnel, c'est-à-dire, d'aucun prêtre qui ait prêté le serment, ou d'autres personnes qui soient attachées à la nouvelle Constitution de l'Etat.

Je commençois à renoncer à l'espoir de pouvoir jamais contenter ce désir, lorsqu'une personne que je n'avois pas l'honneur de connoître particulière-ment, & qui elle-même connoissoit mieux mon désir que ma personne, l'ayant eu par hasard en sa disposition, pendant quelques heures, eut la bonté & la politesse de me l'envoyer. J'en fis rapidement la lecture. Je tirai même un extrait du huitième chapitre qui me parut le plus important, & comme contenir ce qui sert de base & de fondement à cet abominable ouvrage.

A 2

Il a pour titre : *CATÉCHISME RAISONNÉ.*
L'auteur se nomme lui même dans une espèce de
mandement qui est à la tête de cet ouvrage; Jean, ap-
pelé aux fonctions de l'apostolat, non par l'élection
des hommes, dit - il, mais par la vocation de Dieu.
Si cela est vrai, M. l'évêque Jean, permettez-moi
de vous dire tout franchement, que ce ne peut être
que dans sa plus grande indignation, & pour le
malheur du peuple confié à vos soins, auquel vous
ne pouvez être qu'un très - mauvais génie, & une
pierre de scandale (*a*). *In indignatione maximâ
Dei (b), ad insidias sanctificationi, & in Diabolum
malum in Israël.*

Le but de cet auteur est d'inspirer la plus grande
horreur possible, pour la Constitution civile du
Clergé de France, & d'exciter les peuples à se
révolter contre l'Assemblée nationale qu'il accuse
de vouloir détruire de fond en comble, & la religion, & la foi catholique; pourquoi il dit qu'elle
a été foudroyée par tous les anathèmes du Vatican.
C'est surtout dans le huitième chapitre de cette
détestable & pitoyable diatribe qu'il prétend prouver, sans donner néanmoins aucune preuve ; car
ce n'est, d'un bout à l'autre, qu'une simple déclamation que cette auguste Assemblée » *combat directement*, ce sont ses termes, *quatre dogmes constans
» qu'il faut croire & professer, si l'on veut tenir à l'unité*

____

(*a*) Deut. C. 29. v. 28.
(*b*) Machab. 1. cap. 1. v. 38.

» *catholique , & n'être pas jeté hors du bercail dont*
» *Jesus-Christ , est le pasteur ; qu'elle les anéantit to-*
» *talement , & abjure ouvertement.*

C'est ce huitième chapitre que j'entreprends de réfuter malgré mon peu de talent. Si je n'ai pas la satisfaction d'avoir plû, je déclare d'abord que je n'y prétends pas, j'aurai tout au moins celle d'avoir rendu de mon mieux témoignage à la vérité, grandement outragée dans ce livre diabolique, & d'avoir vengé notre respectable Assemblée des atroces calomnies d'un audacieux écrivain de la plus profonde ignorance, ou de la plus insigne mauvaise foi. Je renfermerai en quatre paragraphes la réfutation des quatre calomnieuses imputations dont il la charge.

§ PREMIER.

C'est un dogme catholique , dit M. l'évêque Jean , défini par le Concile de Trente , et qu'on ne peut nier sans être frappé d'anathême , que l'église a une hiérarchie composée d'évêques , de prêtres..... que cette hiérarchie est d'institution divine ; que par conséquent les évêques sont supérieurs aux prêtres ; que les prêtres n'ont pas une puissance commune avec les évêques..... que leur ju-

*ridiction est indépendante de leur presby-
tère ; que leurs actes n'ont point besoin
d'être validés par le consentement d'un
collége de prêtres.*

J'ai l'honneur, car je m'en glorifie, d'être prêtre
conſtitutionnel, & je me flatte de n'avoir en général pas d'autre créance que celle de l'égliſe catholique, apoſtolique & romaine, & en particulier ſur
le ſacrement de l'ordre que celle du Concile de
Trente. Je puis aſſurer le même de mes confrères,
& de la majeure partie de l'Aſſemblée nationale.
Ouï, nous croyons tous avec ce ſaint Concile,
que c'eſt Jéſus-Chriſt, qui l'a inſtitué, auſſi-bien
que les huit dégrés qui compoſent la hiérarchie
eccléſiaſtique, & par leſquels on monte, pour
ainſi-parler, à la plénitude du ſacerdoce ; que les
évêques, qui ſont les ſucceſſeurs des apôtres, tiennent
le premier rang, dans cette hiérarchie : nous diſons
non-ſeulement avec lui, qu'ils ſont ſupérieurs, aux
prêtres ; mais de plus encore, ce qu'il n'a pas voulu
décider par condeſcendance pour la nation italienne
qui y repugnoit, ainſi que nous l'apprend le cardi-
nal Pallavicin dans ſon hiſtoire dudit Concile en
l'an 1563. Nous diſons qu'ils ſont de droit divin,
jure divino, ſupérieurs aux prêtres parce qu'ils reçoivent dans leur ordination cette plénitude de pouvoir néceſſaire pour le parfait gouvernement de l'é-
gliſe que Jéſus-Chriſt leur a confié, pouvoir dont ils
ne communiquent qu'une partie aux prêtres leurs

coopérateurs, pour l'exercer en sous ordre. Mais nous ne reconnoissons pas, ni le Concile non plus, un neuvième dégré dans cette hiérarchie pour y placer le Pape. Nous cédons volontiers la gloire toute entière de cette savante découverte avec tous ses avantages, au docte abbé Forien, ci-devant directeur du grand Hôtel-Dieu de Beaune, qui est peut-être le premier qui ait enseigné en France, que *le Pape est autant supérieur aux évêques que les évêques le sont aux prêtres*. Nous disons néanmoins qu'il est le chef visible de l'église avec lequel doivent être unis tous ceux qui font gloire d'en être les membres ; le point central auquel doivent correspondre tous ceux qui veulent appartenir au corps. Nous reconnoissons que Jésus-Christ, dans la personne de saint Pierre, dont il est le successeur, l'a chargé de paître & les brebis & les agneaux ; de surveiller tous les chrétiens quels qu'ils soient, d'aider à se relever ceux qui sont tombés, & d'affermir ceux qui chancèlent (a). *Et tu aliquando conversus, confirma fratres tuos*. Souvenez-vous, dit Jésus-Christ à saint Pierre, après lui avoir prédit sa chûte funeste, Souvenez-vous, lorsque devenu pénitent, vous aurez reçu de ma bonté le pardon de votre péché, d'encourager vos frères en pareil cas, usant envers eux de la même indulgence. Mais nous ne croyons pas, & le saint Concile de Trente ne le dit pas non plus nulle part, que sa

---

(a) Luc. 22. y. 32.

primauté de juridiction rende tous les autres évêques ses feudataires, & ayant besoin de son agrément pour pouvoir être ordonnés, & exercer les fonctions de l'épiscopat. Bien au contraire, ce Concile, en disant que les évêques sont les successeurs des apôtres, semble nous insinuer que son sentiment est, qu'il leur ont transmis la même étendue de pouvoir qu'ils avoient reçus eux-mêmes de leur divin maître. Or, il est de foi, & M. l'évêque Jean sans doute, voudra bien le reconnoître avec nous, que Jésus-Christ ayant reçu de son père des pouvoirs sans bornes & sans réserves (*a*) *Omnis potestas data est mihi in cœlo & in terrá* : les a réunis à ses apôtres, tels qu'ils les avoit reçu (*b*). *Sicut misit me pater, & ego mitto vos.* Donc ceux que les évêques reçoivent dans leur ordination sont pareillement sans bornes & sans réserves. Donc les évêques ne relèvent en aucune manière du Pape.

Nous n'ignorons pas cependant qu'il y a certaines choses, certains cas dont l'usage ou l'église universelle dans ses Conciles, a attribué la connoissance & la disposition au Pape, pour donner un certain lustre à ce premier de tous les siéges de l'église. Mais nous soutenons aussi que toutes les disputes mues à ce sujet, n'intéressant aucunement la foi, mais seulement la discipline & la police de l'église, quelque sentiment que l'on soutienne, on ne peut être hérétique, quoiqu'en dise M. l'évêque Jean. Que veut-il donc nous faire entendre, quand il nous exalte

---

(*a*) Math. 28. v. 18.
(*b*) St. Jean. 20. v. 21.

fi fort cette primauté de juridiction du Pape ? veut-
il dire qu'il a le droit, lorfque les évêques ne rem-
pliffent pas exactement les devoirs de leurs places
& qu'ils mènent une vie peu régulière, non feulement de leur écrire à ce fujet, mais encore de
les citer à fon tribunal ; s'ils font incorrigibles,
de les mettre en pénitence ; en un mot, de les
traiter avec la même hauteur, la même dureté &
la même févérité que faifoient jadis, leurs miniftres
fubalternes ? ou de leur prefcrire des loix pour le
gouvernement de leurs diocèfes ; de fe faire repré-
fenter le recueil de leurs ftatuts fynodaux pour y
ajouter, y fupprimer & y corriger ce qu'il jugera
à propos; de caffer ou reftreindre leurs cas réfervés ?
On a peine à fe le perfuader. Ha ! ils fe font toujours montrés fi jaloux de leurs droits ! Non, non,
ne craignons pas de la révéler la vraie raifon pour
laquelle ils ont cherché à faire fi baffement la cour
au Pape. C'eft qu'ils efpéroient que fa protection
leur feroit d'un grand fecours pour faire réuffir
leur projet de la contre-révolution qu'ils méditoient.
Quoi qu'il en foit de leurs vues, montrons toujours à M. l'évêque Jean, qui nous les vante fi
fort ces droits du Pape, combien dans les premiers
fiécles de l'églife, les évêques étoient plus réfervés que lui fur l'article de prérogatives du fiége
de Rome. Qu'il écoute & qu'il pèfe bien tous les
termes de ce vingt-fixième canon du troifième
Concile de Carthage, auquel fiégeoit le grand
faint Auguftin, & dont tous les décrets furent

approuvés dans le sixième Concile général. Le voici ce canon : *Ut primæ sedis episcopus non appelletur princeps sacerdotum , aut summus sacerdos , aut aliquid hujus modi ; sed tantùm primæ sedis episcopus.* C'est-à-dire : « Nous défendons de » donner à l'évêque du premier siége de l'église, » le nom de prince des prêtres , ou de souverain » pontif, ou quelqu'autre nom fastueux que ce » soit ; mais nous voulons qu'on le nomme seu- » lement l'évêque du premier siége. Eh quoi! le Pape est il donc devenu quelque chose de plus dans l'église , qu'il n'étoit alors ? Comment donc, après ce qu'on vient d'entendre, M. l'évêque Jean ose-t-il pousser l'imposture jusqu'à nous accuser de *confondre la hiérarchie ecclésiastique , en assimilant les simples prêtres aux évéques , & les évéques au Pape, & en ne donnant au Pape , au-dessus des évéques , qu'une prééminence de rang & d'honneur.* La profession de notre foi sur tous ces objets que nous venons de consigner dans cet écrit , nous justifie bien suffisamment de sa calomnieuse accusation. Voyons maintenant s'il est mieux fondé à accuser l'Assemblée nationale, *d'établir le plus pur presbytéranisme en assimilant les prétres aux évéques , en rendant même les évéques dépendans des prêtres , puisqu'elle leur ordonne d'avoir un conseil permanent de prêtres , sans l'avis desquels ils ne pourront rien statuer.*

Pour réfuter solidement cette accusation , où il y a du vrai & du faux, que M. l'évêque Jean voudroit qu'on laissât confondus dans le cahos où il les a mis , parce qu'il trouveroit alors un sujet apparent d'inculper l'Assemblée nationale , il nous faut nécessairement distinguer dans l'église , deux sortes de pouvoirs , le pouvoir spirituel , ou le droit , non *de se gouverner* , comme disent MM. les réfractaires , mais de gouverner les ames , & le pouvoir temporel ou le droit de gouverner les choses temporelles ou réputées telles. L'église ne tenant le premier pouvoir que de Dieu , n'en est comptable qu'à lui , & elle ne peut être gênée dans l'exercice qu'elle en doit faire , par quelque puissance que ce soit , sans impiété & sans tyrannie. Il n'en est pas de même du pouvoir temporel ; comme elle le tient tout entier des puissances séculières , elle ne peut & ne doit en user que tant , & que comme elles jugeront à propos. Si M. l'évêque Jean refuse d'admettre cette division de pouvoirs , nous le prierons de nous permettre de lui préférer l'autorité du Pape Gelase qui l'admet dans cette belle lettre qu'il écrivit à l'Empereur Anastase , & dont nous ne rapporterons que ce peu de mots (a) : *Duo sunt, Imperator Auguste, quibus principaliter hic regitur mundus, autoritas sacra pontificum & regalis potestas.* C'est-à-dire : « il y a » deux choses, Empereur Auguste, par lesquels ce » monde est principalement régi; savoir, l'autorité » sacerdotale , & la puissance royale. Nous l'invitons à la lire toute entière. Il verra que ce Pape ne met sous l'autorité sacerdotale, que les ames &

(a) Ep. 7.

les chofes qui regardent leur falut , comme l'en-
feignement , les facremens , &c.

Cela pofé, nous convenons que pour l'exercice
de ce pouvoir temporel l'État à en effet jugé à propos d'ordonner que les évêques déformais auroient
un confeil de prêtres, dont ils feroient tenus de prendre les avis , à la pluralité defquels toutes chofes feroient décidées. « Eft-ce donc, s'écrie ici vivement
» M. l'évêque Jean , ne pouvant plus fe contraindre,
» eft-ce à des laïcs à nous faire de pareilles ordonnan-
» ces qui nous humilient, et nous ravalent jufqu'à
» nous affujettir à nos inférieurs? doucement, dou-
» cement, M. l'évêque Jean! ne le prenez pas fi haut!
modérez votre couroux ! baiffez un peu le ton ! ap-
prenez d'abord du trente-cinquième canon du quatrième Concie de Carthage auquel fiégeoit encore
le grand S. Auguftin , et dont le fixème Concile général, a approuvé tous les décrets, apprennez à me-
furer la jufte différence que la modeftie chrétienne met
entre un évêque et un prêtre : *ut epifcopus in ecclefiá in
conf.ffu presbyterorum fublimior fedeat ; intrà domum
verò collegam fe presbyterorum effe cognofcat.* «C'eft-à-
» dire : qu'un évêque fiégeant à l'églife au milieu de
» fes prêtres ait un fiége plus élevé que les leurs,
» cela eft jufte ; mais auffi qu'à la maifon il fe fou-
» vienne qu'il eft leur collégue..... leur collégue!
cela eft bien familier, il faut l'avouer, M. l'évêque
Jean; & ce ton eft bien différent de celui de nos
féigneurs ci-devant. Obfervez cependant que
c'eft une affemblée de deux cents quatorze de

vos confrères qui prennent pour eux, & qui vous donnent cette qualité. Obfervez en fecond lieu que ce n'eft point l'Affemblée Nationale qui vous impofe cette loi, que vous trouvez fi humiliante, d'avoir un conseil de prêtres ; c'eft l'églife elle-même, qui s'appercevant que parmi fes premiers minift: es contre la recommandation très - expreffe de l'apôtre S. Pierre, (a) & l'exemple de Jefus-Chrift, commençoient comme Diotrephés à affecter la domination, vous en avoit depuis long-temps fait la loi. Elle étoit tombée en défuétude. L'état feulement la remet en vigueur, & vous ordonne de vous y conformer. Obligés de vous prouver que cette loi étoit faite, pardonnez, M. l'évêque Jean, fi pour ce faire nous devoilons la turpitude de votre ignorance, ou la turpitude de votre mauvaife foi.

Voici ce qu'avoit ordonné jadis le vingt-deuxième canon du quatrième Concile de Carthage : *ut epifcopus fine confilio fuorum clericorum clericos non ordinet ; ita ut civium affemfum, & conniventiam & teftimonium quærat.* C'eft-à-dire : « Qu'un évêque n'ordonne » point de clercs, fans avoir auparavant confulté *le » confeil* de fon clergé ; de même qu'il requiert le » confentement des citoyens, il doit auffi requérir » leur agrement & leur témoignage. Voici ce que porte fur une autre matière le canon fuivant du même Concile : *ut epifcopus nullius caufam audiat abfque præfentiâ clericorum fuorum : alioquin irrita erit fententiâ*

(a) 1er, ep. ch. 5. v. 5 & 6.

episcopi, nisi clericorum præsentiâ confirmetur. C'est-à-
dire : « Qu'un évêque n'entende la cause de qui que
» ce soit, que son clergé ne soit présent : autrement
» toutes ses sentences seront nulles, si elles ne sont
» confirmées par son clergé présent : eh bien !
M. l'évêque Jean, est-ce là dire comme vous ? que *la
juridiction des évêques est indépendante de leur presbytère;
& que leurs actes n'ont pas besoin d'être validés par le
consentement d'un collège de prêtres.* C'est donc vous,
qui êtes hérétiques & non l'Assemblée Nationale,
puisque c'est votre sentiment qui contredit si formellement le Texte de ces canons. Mais poursuivons :
en voici un troisième sur une autre matière; c'est le
quatrième canon du troisième Concile de Tolède.
*Si episcopus unam de parochianis ecclesiis monasterium
dedicare voluerit, ut in eâ monachorum congregatio regu-
lariter vivat, hoc de consensu consilii sui habeat licentiam
faciendi;* c'est-à-dire, « si un évêque desire ériger
» une de ses églises paroissiales en un monastère ou
» puisse s'établir une communauté de moines vi-
» vants ensemble sous une même règle; il faut qu'il
» obtienne auparavant de son conseil la permission
» de ce faire.

Enfin en voici un quatrième sur une matière
encore bien plus importante. C'est le sixième canon
du deuxième Concile de Séville. *Comperimus quem-
dam presbyterum à pontifice suo injustè olim dejectum, &
innocentem exilio condemnatum. Ideò decrevimus juxta
priscorum patrum decretum synodali sententiâ ut nullus
nostrûm sine consilii examine dejicere quem libet presbyte-*

*rum vel diaconum audeat. Episcopus enim sacerdotibus et
miniftris folus honorem dare poteft, auferre folus non
poteft. Tales enim neque ab uno damnari, nec uno judi-
cante poterunt honoris fui privilegiis exui ; fed præfentati
fynodali judicio quòd canon de illis præceperit, definiri.*

C'eft-à-dire : « Nous avons appris qu'un prêtre avoit
» été injuftement dépofé par fon évêque, et envoyé
» en exil quoiqu'il fût innocent. Pourquoi, voulant
» nous conformer à un décret de nos anciens prédé-
» ceffeurs nous défendons par ce préfent canon
» qu'aucun de nous dans la fuite ofe dépofer qui que
» ce foit prêtre ou diacre, qu'il n'ait été auparavant
» examiné par le confeil. En effet l'évêque peut bien
» feul donner aux prêtres & aux miniftres l'honneur
» de leurs ordres ; mais il ne peut feul le leur ôter.
» De tels miniftres ne peuvent être ni jugés ni con-
» damnés par un feul juge à être dépouillés des pri-
» vilèges de leurs ordres ; mais s'étant présentés au
» jugement du fynode, on doit leur intimer le juge-
» ment prononcé par la loi.

Convenez, M. l'évêque Jean, que nous avons
bien eus tort de fouiller dans les obfcurs et téné-
breux réduits de l'antiquité eccléfiaftique pour en
tirer des pièces auffi authentiques, & fi capables de
confondre vos noires impoftures contre l'Affemblée
Nationale, & de manifefter toutes vos entreprifes
fur les droits du bas clergé. Nous pourrions encore
vous rapporter quelques autres de ces antiques &
refpectables loix de la primitive églife ; mais nous nous
bornerons à les indiquer, favoir ; le trente-deuxième

canon du quatrième concile de Carthage. Le huitième canon du concile d'Auvergne. Le sixième canon du deuxième concile de Tours. Mais en voilà affez pour vous convaincre, M. l'évêque, qu'il y a eu jadis une loi fouvent réitérée, parce qu'elle étoit fouvent enfrcinte, qui obligeoit Mrs. les évêques, d'avoir un conseil de prêtres, fans l'avis & le confentement duquel ils ne devoient & ne pouvoient faire aucun exercice du moins tant foit peu confidérable de leur pouvoir temporel. Eh bien, M. l'évêque Jean, c'eft d'après ces faintes autorités que l'Affemblée nationale à établi fon *plus pur presbytéranifme*, comme il vous plaît d'appeller. Seriez-vous maintenant affez téméraire pour la blâmer d'avoir fuivi de pareils guides? Jusqu'à nos jours mêmes ne s'étoit-il pas confervé un fimulacre de fes confeils dans les chapitres des églifes cathédrales! Tout le monde fait, que lorsque nos feigneurs les évêques faifoient publier leurs mandemens, ils atteftoient toujours que c'étoit après en avoir conférés avec leurs frères, les doyens, chanoines et chapitre de leurs cathédrales, & de leurs agrémens. Quoique cela fût, pour l'ordinaire très-faux, cette formule néanmoins à laquelle ils étoient affujettis, ne laiffoit pas que de perpétuer l'idée de ces anciens confeils. Au furplus, quoiqu'il en foit, de ce point de difcipline, vous n'en êtes pas moins obligé, M. l'évêque Jean, par tout ce que nous venons de dire, de reconnoître que vous vous rendez coupable de la plus atroce impofture, & de la plus noire calomnie; quand vous affurez dans votre

abominable

abominable catéchisme que l'Assemblée nationale abjure le dogme du St. Concile de Trente sur la hiérarchie ecclésiastique. Nous allons vous prouver que le second reproche d'héréfie que vous lui faites, n'est pas mieux fondé.

§. I I.

C'est un dogme catholique, dites-vous, que la puissance civile est incompétente pour le gouvernement de l'église, et pour tout ce qui concerne les objets spirituels, sa doctrine, ses sacremens, son culte, sa juridiction, sa hiérarchie, les fonctions de ses ministres, leur choix, leur ordination, leur mission, etc.

Quoique selon les loix de la dialectique avec le même front d'impudence avec lequel vous nous assurez la position de votre dogme, nous puissions à notre tour la nier, à cause de sa trop grande généralité; de meilleure foi que vous, M. l'évêque Jean, & n'ayant pas comme vous intérêt à confondre le vrai avec le faux, mais cherchant de bonne foi à éclaircir les choses embrouillées pour découvrir la verité que nous defirons & que nous aimons sincèrement: nous distinguerons dans l'église deux espèces de gouvernemens, l'un spirituel, l'autre temporel, & deux espèces de juridiction, l'une intérieure qui

B

s'exerce fur les ames, & l'autre extérieure qui s'exerce fur les chofes vifibles & extérieures. Cela convenu, nous reconnoiffons avec vous, M. l'Évêque, l'incompétence de la puiffance civile pour tous les objets purement fpirituels que vous avez détaillés, le choix néanmoins des miniftres excepté.

A ce fujet, permettez, M. l'évêque Jean, que nous nous étonnions jufqu'à quel point vous pouffez ou l'ignorance, ou la mauvaife foi, en mettant cet article au nombre des vérités de foi ! Eh quoi ! vous êtes évêque, & vous ignorez que ce qui a varié, & peut encore varier, ne peut pas être matière de foi ! parce que la foi eft auffi immuable que fon auteur ; parce qu'il eft écrit : « Votre parole, feigneur, a été de » toute éternité la même, & continuera d'être la même pendant toute l'éternité. (a) *In æternum Domine, permanet verbum tuum.* Vous êtes Évêque, & vous ignorez que le choix des miniftres à varié ! Vous êtes évêque, & vous ignorez que les deux premières élections de miniftres , qui ont été faites dans l'églife, ont été faites par le peuple, favoir l'élection de St. Mathias, (b) & celle des fept diacres ! Vous êtes Evêque, & vous ignorez que ce mode d'élection a été en ufage dans l'églife pendant plus de douze fiècles, avec quelques variations, il eft vrai, mais contre lefquelles auffi notre églife de France s'eft toujours élevée ! Eh bien ! Nous allons vous

____

(a) Pf. 118. v. 89.
(b). Art. des ap. 1. 23 et 6. 5.

inftruire, M. l'évêque Jean, & vous confondre. Nous pourrions pour ce faire, vous rapporter les textes d'un grand nombre de ces antiques & refpectables loix en faveur de ces élections; mais pour abréger, nous nous bornerons à un feul, & nous indiquerons les autres. Écoutez attentivement comme s'exprime le fixième canon du Concile de Paris, tenu vers le milieu du fixième fiècle, temps auquel on commençoit déjà à s'écarter. des anciennes règles, ainfi que ce concile s'en plaint. *Et quia in aliquibus rebus confuetudo prifca negligitur, ac decreta canonum violantur; placuit ut juxtà antiquam confuetudinem canonum decreta ferventur. Nullus civibus invitis ordinetur epifcopus, nifi quem populi & clericorum electio pleniffimâ quæfierit voluntate; non principis imperio, neque per quamlibet conditionem metropoli contrà voluntatem epifcoporum comprovincialium ingeratur. Quod fi per ordinationem regiam honoris fui culmen pervadere aliquis nimiâ temeritate præfumferit, à comprovincialibus loci ipfius epifcopis recipi nullatenùs mereatur quem indebitè affumptum agnofcunt.* C'eft-à-dire : « Et parce que en
» beaucoup de chofes on néglige de fuivre les an
» ciennes coutumes, & que par là les décrets des
» faints Canons font violés : nous voulons que l'on
» obferve ces décrets des Canons felon l'ancien
» ufage : que l'on n'ordonne donc point d'évêque
» qui foit contre le gré des citoyens; mais qu'on
» leur donne celui que le peuple & le clergé auront
» eux-mêmes choifis de leur pleine & libre volonté,
» & non celui qui l'auroit été par l'ordre du Prince,

» ni celui qui l'auroit été par quelque condition faite
» avec le Métropolitain contre l'opposition des évê-
» ques comprovinciaux. Que si quelqu'un, par une
» excessive témérité, ose ainsi par ordre du prince
» se faire promouvoir à l'honneur de l'épiscopat,
» nous défendons à tous les évêques de la même pro-
» vince de recevoir parmi eux un tel évêque qu'ils
» sauront avoir été aussi irréguliérement élu. Dites-
nous maintenant, M. l'évêque Jean, dites-nous s'il
vous plaît, selon les termes de ce canon, qui sont les
évêques intrus? Vous même, & tous MM. vos confrères réfractaires. Voilà les intrus; voilà les évêques
irrégulièrement élus par l'ordre du Prince, & que l'on
ne doit pas reconnoître pour évêques. Mais direz-
vous, ces anciennes loix n'étoient plus en usage
de notre temps! A la bonne heure. De votre aveu, il
peut donc changer ce mode de choisir les ministres
de l'église sans altération, sans préjudice de la foi ;
car nous pensons bien que vous ne regardez pas, &
que vous ne voulez pas non plus nous permettre de
regarder comme hérétiques le pape Léon X, ni
notre roi François Ier. qui de concert entr'eux d'eux
seulement ont établis une manière de les élire si
directement contraire à celle prescrite par cet ancien
canon. C'est donc par la plus noire méchanceté, &
par la plus insigne mauvaise foi que vous accusez
aujourd'hui d'hérésie l'Assemblée nationale, parce
qu'elle veut rétablir cette ancienne & raisonnable
manière de procéder à ces élections !

Pour vous instruire encore davantage à ce sujet,
nous vous indiquons *le trente-cinquième canon du con-*

cile d'Arles. Le septième du deuxième Concile d'Orléans. Le deuxième canon du troisième Concile de la même ville. Le deuxième du concile d'Auvergne oū de Clermont. Les troisième & quatrième du cinquième Concile d'Orléans. Enfin, le huitième du quatrième concile de Tolède. Vous verrez que tous disent la même chose. Nous finirons nos citations à ce sujet par ce beau passage extrait de la soixante-huitième lettre de S. Cyprien, qui a vécut avant tous ces Conciles, qui semblent avoir calqués leurs décisions sur son sentiment que voici : *ipsa plebs maximè habet potestatem vel eligendi dignos sacerdotes vel indignos recusandi. Quod & ipsum videmus de divinâ autoritate descendere, ut sacerdos plebe præsente sub omnium oculis deligatur, & dignus atque idoneus publico testimonio comprobetur.* C'est-à dire : "Le peuple a le plus grand, le plus lé-
„ gitime droit de choisir lui - même de dignes évê-
„ ques, & de rejetter les indignes; nous voyons-
„ même que c'est Dieu qui le veut, ainsi que l'évêque
„ soit choisi en présence & sous les yeux du peuple,
„ & qu'il soit reconnu par le témoignage de tout le
„ public, pour le plus digne & le plus capable.

Par tout ce que nous venons de vous dire, M. l'évêque Jean, nous croyons vous avoir suffisamment prouvé que nous ne pouvions vous passer la position de votre dogme, qui forme la majeure proposition de votre syllogisme, qu'après vous avoir forcé d'en extraire le choix des ministres, & d'admettre avec nous la distinction des gouvernemens & des juridictions. Cela posé, nous allons répondre à votre mineure.

Or, dites-vous, l'Assemblée nationale a abjuré ce dogme en se rendant malgré son incompétence arbitre suprême du gouvernement de l'église, en s'attribuant réellement la suprématie sacrilège qui a consommé la réprobation de l'Angleterre, en décrétant tout ce qui lui a plu sur les matières spirituelles sans consulter l'église ; en prononçant même qu'il étoit inconstitutionnel de la consulter.

Voilà assurément, M. l'Evêque Jean, une accusation des plus atroces, & néanmoins avancée sans preuves. En vérité, il faut que vous soyez bien accoutumé à faire des calomnies, pour en faire si lestement d'aussi noires ; il faut que vous comptiez bien fort sur la réputation de votre probité pour oser présumer qu'elle est telle qu'on doive aveuglement vous en croire à votre parole sans être tenu de fournir aucune preuve ! Pour nous, nous vous avons déjà amplement prouvé qu'elle avoit respecté tout ce qui est de la dépendance du gouvernement spirituel de l'église : que dans tout ce qu'elle a fait & décrété, elle n'a aucunement dépassé les bornes de sa juridiction : que les réglemens ecclé-siastiques qu'elle a faits & qu'on lui reproche comme une entreprise téméraire, impie, sacrilège, ne font pas tant son ouvrage que celui de l'église elle-même ; que les trouvant, on ne peut plus sages, & ne pouvant être que très-avantageux à l'état, elle en rappelle & en ordonne l'usage.

Si dans la nouvelle démarcation qu'elle a faite des diocèses du royaume, elle n'a pas consulté l'églife, comme on défireroit qu'elle l'eût fait, c'eft qu'elle jugeoit que le nombre d'évêques qu'elle renfermoit dans fon fein étoit fuffifant pour traiter des réformes à faire en ce genre, & les opérer heureufement. C'eft qu'en effet, ce nombre eut fuffit & eut entraîné le plus grand nombre des abfents à les confentir amiablement, fi la coalition n'eut été déjà formée de faire les derniers efforts pour rendre inutiles toutes les entreprifes de l'affemblée nationale à cet égard. D'ailleurs, cette démarcation eft abfolument du reffort de la puiffance civile. Qu'eft-ce que c'eft en effet que cette démarcation? Une nouvelle diftribution, une nouvelle partition du terrain d'un royaume. C'eft donc au maître fouverain de ce terrain de le diftribuer comme il voudra. Il n'a pas befoin du concours de quelque puiffance que ce foit pour cela. Ce feroit compromettre la fouveraineté de la fienne que de faire autrement. Au furplus l'églife elle-même, oui, M. l'Evêque Jean, l'églife elle-même dans le Concile général de Calcédoine femble avoir autorifée en cela les prétentions de la puiffance féculière; puifque par fon feizième Canon appuyé de plus par le trente-huitième de celui de Conftantinople, autre Concile général, elle ordonne que, « S'il plaît à l'Empereur de » changer la diftribution des provinces de l'Em- » pire, l'on ait à fe conformer à cette nouvelle dif- » tribution pour faire celle des dioçèfes. » *Si quæ- libet civitas per autoritatem imperialem renovata, eft aut fi renovetur in pofterum , civilibus & publicis*

ordinationibus, etiam ecclefiarum parochiarum fequa-
tur ordinatio. Ce n'eft pas là, avouez-le, M. l'Evêque
Jean, ce n'eft pas là affujettir l'autorité civile à
l'autorité eccléfiaftique, n'y même les faire con-
courir : mais c'eft bien formellement fubordonner
l'autorité eccléfiaftique à la féculière dans les chofes
civiles & temporelles, qui font entièrement de fon
reffort ; en un mot, c'eft établir l'ordre.

A l'égard de la fuprématie que vous accufez
notre augufte Affemblée de s'attribuer, à l'exemple
de l'Angleterre, il femble que vous auriez dû ex-
pliquer à vos catéchifés ce que c'étoit que cette
fuprématie. Le devoir d'un catéchifte eft d'expli-
quer & d'éclaircir les chofes obfcures. Mais nous
croyons deviner les motifs qui vous ont engagés à
ne le pas faire. Votre accufation n'eût pas fait
fortune ; le parallele eût paru trop groffier ; il eft
bon par fois d'affecter un air & un ton miftérieux,
d'ufer de grands mots qui fentent un peu l'érudition.
On en impofe ainfi aux fots & aux ignorans ; on
leur infpire des idées avantageufes de foi, & on
vient plus aifément à bout de les tromper quand
on les a ainfi prévenus en fa faveur. Pour nous,
M. l'Evêque, qui avons des vues diamétrallement
oppofées aux vôtres, ne trouvez pas mauvais que
nous expliquions ce que c'eft que cette fuprématie
d'Angleterre pour montrer combien vous êtes outré
& peu vrai. On faura donc que l'Angleterre brouillée
à toute outrance avec l'églife romaine, & voulant
entièrement rompre avec elle, & s'en féparer abfo-

lument, pour s'ôter toute occafion d'avoir des rapports & des correfpondances avec elle, s'avifa d'un fingulier moyen ; ce fut de faire fon propre Roi fouverain pontif ou Pape ; ce qu'il accepta : enforte que depuis ce temps les Rois d'Angleterre réuniffent en leurs perfonnes les deux fouveraines puiffances, la fpirituelle & la civile, & c'eft cette réunion des deux puiffances en une même perfonne qui s'appelle fuprématie. Nous prions M. l'Evêque Jean, qui fe pavonne fi fort de fon heureufe trouvaille, bien propre à infpirer la plus grande horreur pour l'Affemblée nationale, de juftifier fa comparaifon, & de citer le décret qui prononce une pareille réunion de puiffances en faveur de qui que ce foit. Loin de vouloir rompre avec la cour de Rome, elle ordonne aux Evêques de vivre en bonne union avec elle ; & on ne fait aucun décret qui leur défende d'y être en correfpondance, de la confulter dans les difficultés qu'ils peuvent rencontrer dans l'exercice des fonctions de leur miniftère, ainfi que cela s'eft pratiqué de tout temps dans toute l'étendue de l'Eglife catholique. Mais c'eft trop s'arrêter à réfuter de pareilles abfurdités avancées fans preuves. Paffons au troifième paragraphe.

§ III.

C'EST un dogme catholique, dit M. l'Evêque Jean, *que pour être pasteur légitime, il faut avoir une mission canonique donnée par l'Eglise ou par ceux qu'elle en a spécialement chargés.*

Arrêtons-nous là, le reste est du Pathôs; un verbiage tout-à-fait insignifiant, comme nous ne le comprenons pas, nous n'y répondrons pas : nous l'allons cependant rapporter, afin de mettre un chacun à portée d'en juger. *Enforte*, continue M. l'Evêque, *que tout pasteur qui prendroit sa mission d'une puissance temporelle ou d'une puissance prétendue spirituelle qui n'auroit été établie que par les hommes, seroit un intrus.* Qu'est-ce que c'est que cette mission qui seroit donnée à un ministre quelconque ecclésiastique *par une puissance temporelle?* Qu'elle est d'autre part *cette puissance prétendue spirituelle? Fiat lux,* que M. l'Evêque nous donne sa glose.

Mais en l'attendant, nous conviendrons d'abord très-volontiers avec lui que pour être apôtres & prophêtes, il faut être envoyés par une autorité légitime. Comment prêcheront-ils, dit l'apôtre St. Paul, s'ils ne sont envoyés? (a) *Quomodo prædicabunt, nisi mittantur?* Que pour être également pasteur légitime, il faut entrer dans le bercail par la porte : C'est Jésus-Christ qui le dit : (b) *Qui intrat per ostium, pastor est ovium.* Nous croyons fermement que c'est Jésus-Christ lui-même qui est cette porte par où il faut entrer, comme il l'assure au même endroit : (c) *Amen, amen dico vobis, ego sum ostium ovium.* Si

_____

(a) Ep. aux Rom. 10, v. 15. (b) Ev. S. Jean 10, v. 5.
(b.) *Ibid.* v. 7.

donc M. l'Evêque Jean veut avec nous borner là tout ce qui appartient à la fois touchant la miffion des Evêques, nous ferons bientôt d'accord. Nous lui dirons alors, les évêques reçoivent cette miffion feule néceffaire dans leur confécration, comme les apôtres reçurent la leur, lorfque Jéfus-Chrift, en les ordonnant, leur dit : " Ainfi que mon père m'a en- ,, voyé, je vous envoye de même ; allez, répandez ,, vous dans tout l'univers, prêchez, &c. ,,

Mais, M. l'Evêque Jean ne l'entend pas ainfi : il prétend que cette miffion que nous difons que donne le facrement de l'ordre, ou n'eft pas la vraie, ou qu'il ne la donne pas du tout, mais que c'eft le pape qui la donne par les bulles qu'il accorde aux évêques, ou qui ne la donne que dépendamment de ces bulles ; enforte qu'elle demeure liée, fufpendue & interceptée jufqu'à ce que ces évêques ainfi or- donnés fans bulles les ayent obtenues. Bon Dieu! & c'eft par de pareilles abfurdités qu'on cherche à perfuader aux ignorans que ces bulles qui n'ont pas trois cents ans d'ufage, tiennent à la foi! que par conféquent l'Affemblée nationale qui les a profcrit fe rend coupable d'héréfie.

Ecoutons le lui-même motiver fon accufation. *L'affemblée nationale, dit - il, abjure ce dogme de l'inftitution canonique, en voulant que les évêques élus ne prennent cette inftitution que du métropolitain qui, tant que l'églife n'aura pas changé fon gouvernement, n'aura aucun droit de la donner ; en ce qu'elle autorife les directoires de département à leur indiquer les Evêques qui donneront la miſſion & la conſécration; en ce qu'elle défend, ſous peine de félonie, de recourir aux Papes pour recevoir l'inſtitution canonique, quoique l'égliſe lui ait confié excluſivement ce privilége*

Non, M. l'Evêque Jean, notre augufte Aſſemblée nationale n'abjure point le dogme de la néceſ-ſité de la miſſion, ni de tout ce qui a toujours été regardé dans l'égliſe comme conſtituant l'eſſence de l'épiscopat : mais elle abjure formellement ces bulles du Pape qui ſont de trop récente date d'or-rigine pour y être quelque choſe d'eſſentiel : nous ſavons quelles ont été ſubrogées dans ces derniers ſiècles, du moins en France. A cet examen qui ſe fai-ſoit autrefois des procès - verbaux des élections des Evêques, pour voir s'il ne s'y étoit rien fait contre les ſaintes règles de l'égliſe. Il n'eſt pas même bien aiſé de déterminer l'époque de l'origine de cet exa-men. Il n'en eſt pas fait mention dans aucun des Conciles tenus pendant les trois premiers ſiècles de l'égliſe, pas même dans le trente - cinquième canon, dit des apôtres, qui ordonne l'établiſſe-ment des Métropolitains, & que voici : *Epiſcopos gentium ſingularum ſive convenit, quis inter eos primus habeatur ; quem velut caput exiſtiment & nihil amplius præter ejus conſcientiam gerant, quàm illa ſola ſinguli, quæ parveciæ propriæ & villis quæ ſub eâ ſunt, compe-unt. Sed nec ille præter omnium conſcientiam faciat aliquid in eorum parœciis. Sic enim unanimitas erit & glorificabitur Deus per Chriſtum in Spiritu Sancto.* C'eſt-à-dire, « il convient que les Evêques de

» chaque province de l'empire en reconnoissent
» un parmi eux qui soit comme le premier, &
» qu'ils regardent comme leur chef, & sans l'avis
» duquel ils ne fassent chacun que ce qui regarde
» uniquement le gouvernement de son église & de
» celles des campagnes qui en dépendent, & lui de
» même ne fera rien dans leur diocèse sans leur agré-
» ment : par ce moyen la concorde regnera en-
» tr'eux , & Dieu sera glorifié par Jésus-Christ dans
» le St. Esprit. ,, C'est le premier Concile de Nicée
que l'on trouve en avoir fait le premier la loi, &
avoir attribué au métropolitain le droit de faire cet
examen & de confirmer l'élection. Voici comme est
conçu le quatrième canon de ce premier Concile
général : *Episcopum oportet ab omnibus episcopis si
fieri potest , qui sunt in provinciâ ejus, ordinari : si verò
difficile fuerit vel urgente aliquâ necessitate , vel itineris
longitudine certè tres episcopi debent in unum esse con-
gregati , ita ut etiam cœterorum qui sunt absentes,
consensum litteris teneant ; & ita faciant ordinationem
potestas sanè vel confirmatio pertinebit per singulas pro-
vincias ad metropolitanum.* C'est-à-dire, " il faut que
,, l'évêque soit ordonné, s'il est possible, par tous
,, les évêques de sa province. Mais si quelque né-
,, cessité urgente, ou le trop grand éloignement les
,, empêchent de se réunir tous; alors trois seule-
,, ment, après avoir reçus par écrit le consente-
,, ment de leurs confrères absents, en feront
,, l'ordination qui appartiendra néanmoins à l'évêque métropolitain ainsi que la confirmation. ,, Plu-

ſieurs Conciles dans la ſuite ordonnèrent la même choſe ; nous ne ferons que les indiquer ; *ſavoir, le ſixième canon du même Concile de Nicée ; le cinquième du Concile d'Arles ; le dix-neuvième de celui d'Antioche ; le douzième de celui de Laodicée ; le douzième de celui de Carthage deuxième ; & le deuxième du troiſième Concile d'Orléans.* Que réſulte-t-il de tout ce que nous venons de dire ? Que l'uſage des bulles n'a pas toujours exiſté dans l'égliſe ; qu'on ne voit pas dans les trois premiers ſiècles ce qui en tenoit lieu ; que depuis le Concile général de Nicée juſqu'à celui de Trente, c'étoit l'évêque métropolitain qui viſoit & confirmoit l'élection des évêques de ſa province, d'où je forme ce raiſonnement. Ce qui n'a pas exiſté dès le commencement de l'égliſe juſqu'à préſent dans la même forme, ne peut pas être cenſé appartenir à la foi qui eſt immuable. Or, la forme de donner ce que vous appellez inſtitution canonique n'a pas été depuis l'origine de l'égliſe, telle qu'elle eſt aujourd'hui : donc elle n'appartient point à la foi. Ce n'eſt donc qu'un point de diſcipline. Or, on n'eſt point hérétique pour nier, changer, abolir même des choſes qui ne ſont que de diſcipline ; donc l'Aſſemblée nationale n'eſt pas hérétique pour avoir ſeulement établi le point de diſcipline en queſtion dans le primitif état de ſon inſtitution.

Montrez-nous à votre tour, M. l'évêque Jean, quelques exemples d'évêques des premiers ſiècles de l'égliſe, qui ſe ſoient adreſſés à Rome, pour

demander votre prétendue inſtitution canonique ;
pour demander même ſeulement au Pape ſa communion ? Dites - nous , s'il vous plaît , comment
on appelloient les lettres qu'on écrivoit à ce ſujet ?
Ni Baronius , dans ſes annales eccléſiaſtiques , ni
de Sponde ſon abréviateur , ne nous apprennent
rien à ce ſujet ; quoique l'un & l'autre , en l'année
142 , faſſent l'énumération la plus détaillée des dif-
férentes lettres qui s'écrivoient alors dans l'égliſe ,
& dont ils rapportent ſoigneuſement les noms ;
quoiqu'ils citent entr'autres celles qu'écrivoient à
leurs collègues les évêques nouvellement ordonnés ,
(a) *à recens ordinato epiſcopo ad collegas ſolitæ*
(*epiſtolæ*) *dari* , & qui s'appeloient indifféremment
communicatoires , canoniques , pacifiques & eccléſiaſtiques. Il eſt étonnant qu'ils ayent omis de parler
de ces deux eſpèces de lettres qui paroiſſent d'une
bien plus grande importance que toutes les autres.
Montrez-nous encore , s'il vous plaît , cette loi, le
décret de l'égliſe qui a ôté , comme vous le dites ,
aux métropolitains , le droit de confirmer les
élections des évêques de leurs provinces , dont ils
jouiſſoient depuis au moins le Concile général de
Nicée , pour le confier au Pape ſeul à l'excluſion
de tous autres.

Mais , en attendant que M. l'évêque Jean ait
éclairci ces faits , & nous ait communiqué ſes
découvertes , nous pouvons toujours conclure que

____

(a) Ann. eccl. Spond. ann. 142. n°. vi.

tous ces différens objets que l'Affemblée nationale a décrété, ne regardant que la police ou la difcipline de l'églife, & non la foi; l'héréfie dont ledit fieur évêque l'accufe, eft une chimère, une impofture & une calomnie. Si cette fage & augufte Affemblée s'eft écartée tant foit peu des règles de l'églife pour lefquelles elle témoigne d'ailleurs tant d'eftime & de vénération, c'eft la néceffité du moment qui l'y a forcée. Mais, dans le vrai, la Nation qu'elle repréfente & qui s'eft toujours maintenue dans le droit de régler elle-même la difcipline de fon églife, ne veut, n'entend & ne prétend que rétablir l'ancienne, celle qui avoit formé, dans fon origine, un clergé compofé de faints. Ce ne font donc pas les miniftres choifis, & qui vivront fuivant ces anciennes & faintes règles dont elle renouvelle la pratique, qui font des intrus, comme vous le dites, M. l'évêque Jean; mais bien ceux qui l'étoient felon les loix abufives qu'elle vient de réformer, & qui fe trouvoient déjà avoir été tant de fois répouvées & profcrites par ces antiques & refpectables règlemens de l'églife, que le plus déplorable relâchement des mœurs du clergé avoit fait abandonner, & dont on avoit fi ardemment & fi inutilement follicité de toutes parts le rétabliffement dans le feizième fiécle. On ne l'eft pas non plus intrus, comme vous le publiez par-tout pour infpirer au peuple de la haine & du mépris pour les miniftres qui vous remplacent, lorfqu'on fuccède à de mau-

vais

vais miniftres comme vous & MM. vos confrères qui avez tous mérités par votre contumace défobéif-fance aux loix fages de l'État, d'être au moins dépoffédés de vos places & dignités. Vous criez à l'injuftice, & tout l'univers retentit de vos cla-meurs & de vos plaintes ! Et vous ignorez que la conduite que tient envers vous l'Affemblée na-tionale eft fondée fur une loi de l'églife, & qu'elle ne l'exécute pas, à beaucoup près, dans toute fa rigueur. Inftruifez-vous donc, M. l'évêque Jean, & écoutez cette loi redoutable qui prononce votre dépofition & celle de MM. vos confrères les ré-fractaires. *Si epifcopus*, dit le trente-troifième canon du Concile d'Agde, *aut presbyter*, *aut diaconus*, *capitale crimen commiferit*, *aut cartham falfaverit*, *aut falfum teftimonium dixerit*, *ab officii honore de-pofitus in monafterium detrudatur*, *& ibi quandiù vixerit*, *laïcam communionem accipiat*. C'eft-à-dire :
» Si un évêque, ou un prêtre, ou un diacre, a
» commis un crime capital, comme par exemple,
» s'il a falfifié un acte, ou s'il a rendu un faux
» témoignage, après avoir été dépofé, qu'il foit
„ renfermé dans un monaftère, & là tant qu'il vivra
» qu'il foit réduit à la communion laïque. Voilà votre arrêt, celui que l'églife a rendu contre vous. Et fi l'État offenfé y vouloit joindre le fien, où en feriez-vous ? Oferiez-vous bien dire, M. l'évêque, que votre opiniâtre & contumace réfiftance aux loix de l'État, vos écrits calomnieux, incendiaires &

féditieux dont vous avez inondé le royaume, &
qui ont porté par-tout dans les familles le flambeau de
la fédition & de la difcorde, & notamment le vôtre,
l'un fans contredit des plus dangereux, ne font pas
des crimes auffi énormes que la falfification d'un
acte & d'un faux témoignage? Pour toute réponfe
nous hauflerions les épaules en figne d'indignation
& de mépris. Mais ce n'eft pas tout, M. l'évêque;
écoutez encore cette même églife, qui, après
avoir prononcé votre deftitution, ordonne auffi
votre remplacement, afin de juftifier pleinement
la conduite de l'Affemblée nationale à votre
égard. *Nulli viventi epifcopo*, dit-elle dans le
cinquième canon du Concile d'Orléans, *fuper po-
natur aut fuper ordinetur epifcopus , nifi forfitan in
ejus loco quem culpa capitalis dejecerit.* C'eft-à-dire :
» Que l'on n'ordonne jamais un fucceffeur à un
» évêque vivant, fi ce n'eft pour remplacer celui
» qui ayant commis une faute capital, auroit mé-
» rité d'être dépofé. Vous voyez donc, M. l'évêque Jean, que nos nouveaux miniftres qui vous
remplacent vous & MM. vos confrères, tout chauds
& tout vivans que vous foyez, ne font pas des
intrus, puifqu'ils font élus, confirmés & ordonnés
fuivant les anciennes & faintes loix de la primitive églife dont l'Affemblée nationale renouvelle
l'ufage : nouscroyons l'avoir fuffifamment prouvé.
Paffons à notre quatrième paragraphe.

§ IV.

C'est un dogme catholique, dit enfin M.
l'évêque Jean, *reconnu et solennelle-*
ment professé par les Conciles de Cons-
tance et de Trente, que la discipline
universelle de l'église ne peut être changée
que par la même autorité qui l'a établie. «

C'eſt ici qu'on peut bien dire que le ſieur évêque Jean a ſué le menſonge & l'impoſture ; il
ſentoit toute l'importance de ce dernier dogme :
mes adverſaires, ſe diſoit-il à lui-même, ne man-
queront pas d'exciper de mes dogmes, dans leurs
conteſtations avec mes élèves ; ils diront qu'ils les
reſpectent, qu'ils n'en veulent qu'à la diſcipline
qu'ils déſirent réformer ; ces diſcours pourroient
les ébranler : pour les affermir, il faut donc faire
les plus grands efforts pour ériger le corps de cette
diſcipline elle-même en dogme de foi, afin de
leur ôter ce puiſſant retranchement. Il ne prévoyoit
pas, hélas ! le pauvre ſieur évêque, qu'un conſti-
tutionel dût voir ſon étrange paradoxe, & le com-
battre ! Auſſi pour le conſacrer d'une manière par-
ticulière, & le rendre plus reſpectable à ſes ſtu-
pides élèves, il a cru devoir, contre ſon ordinaire,
l'autoriſer du texte d'un des Conciles qu'il a cité ;
texte qu'il tronque, qu'il mutile, en un mot,

qu'il ajuſte à ſa fantaiſie pour lui faire exprimer ce qu'il veut ; nous verrons bientôt s'il a réuſſi : n'importe, c'eſt un trait d'érudition qui en impoſe aux ignorans. Eh ! c'eſt pour eux qu'eſt fait cet ouvrage ! Il prend ſurtout un ton d'aſſurance qui tout ſeul eſt capable de les perſuader. En effet, à l'entendre parler ſi affirmativement, qui ne croiroit trouver mot à mot, ainſi établi dans ces deux Conciles qu'il cite, ce dogme qu'il atteſte effrontément, qu'ils ont ſolennellement reconnu & profeſſé ? Qui ſe ſeroit aviſé de douter que le principal objet des deux ſeſſions citées de ces deux Conciles ; ſavoir, de la treizième du Concile de Conſtance, & de la vingt-unième de celui de Trente, chapitre 2, ne fut de ſtatuer ſur la diſcipline eccléſiaſtique, en voyant l'auteur rapporter une partie du texte de ce dernier ? Cependant il n'eſt abſolument rien de tout cela. Il n'eſt pas queſtion de diſcipline dans les deux endroits cités des ſuſdits Conciles. Le mot diſcipline ne s'y trouve pas même articulé une ſeule fois. O mauvaiſe foi ! ô fourberie de M. l'évêque Jean ! que ne puis-je vous dévoiler à la face de tout l'univers, & ramener par ce moyen tant d'ames que vous avez ſéduites & égarées ! Pour mettre tous ceux qui liront ou entendront lire ceci, en état d'en juger eux-mêmes, on va rapporter en entier les deux endroits cités par ledit ſieur évêque. Voici comme eſt conçu celui du Concile de Conſtance, où il s'agit de la communion fous les deux efpèces , & de celle faite fans être à jeun.

» Ce Concile général , y eſt-il dit , déclare , » décrète & défini que , quoique Jéſus-Chriſt ait » inſtitué ce ſacrement après ſouper , & qu'il » l'ait adminiſtré à ſes diſciples ſous les deux eſpèces, » malgré cela cependant l'autorité des ſaints canons, » & l'uſage approuvé de l'égliſe ne permet plus » de le faire après ſouper ni d'y communier. » De même, quoique dans la primitive égliſe il » fut permis de donner ce ſacrement aux fidèles » ſous les deux eſpèces ; cependant pour éviter » quelques accidens & quelques ſcandales, il s'eſt » raiſonnablement introduit la coutume, qu'il n'y » ait plus que celui qui offre le ſacrifice qui com- » munie ſous les deux eſpèces ..... C'eſt pour- » quoi on doit regarder comme erroné le ſenti- » ment de ceux qui diſent qu'il n'eſt pas permis, » que c'eſt même un ſacrilège d'obſerver cette » coutume & cette loi : *Quapropter dicere quod hanc conſuetudinem & legem obſervare ſit illicitum , eenſeri debet erroneum.*

Cherchez dans ce texte , & trouvez-y , ſi vous pouvez, quelque choſe qui reſſemble au dogme de M. l'évêque Jean. Voici ce que dit , ſur le même ſujet , le ſaint Concile de Trente , qu'il cite pareillement :

,, C'eſt ainſi que la mère ſainte Égliſe, ſachant ,, cette autorité qu'elle a dans l'adminiſtration des

„ facremens , quoique l'ufage des deux efpèces fut
„ affez ordinaire au commencement de la religion
„ chrétienne, néanmoins dans la fuite du temps,
„ cette coutume fe trouvant déjà changée en plu-
„ fieurs endroits, s'eft portée & déterminée par
„ des raifons juftes & très-confidérables à ap-
„ prouver cet ufage de communier fous l'une des
„ efpèces, & en a fait une loi qu'il n'eft pas
„ permis de rejetter, ni de changer, felon fon
„ caprice, fans l'autorité de la même églife.
*Hanc confuetudinem fub alterâ fpecie communicandi
approbavit, & pro lege habendam decrevit quàm
reprobare, aut fine ipfius ecclefiæ autoritate pro libito mutare non poteft.* Ceci eft un peu plus raffemblant. C'eft
auffi la fin de ce texte que M. l'évêque Jean, a prife
& a ajuftée à fa mode pour en faire la preuve de
fon dogme. Montrons néanmoins par les infidélités
qu'il a été obligé de commettre pour en tirer parti,
combien il fe l'eft rendu peu utile. Première infidélité
dans l'application qu'il fait de cette prétendue loi de
l'églife qu'il rapporte, qu'il ajufte, qu'il façonne de
fon mieux pour en appuyer fon dogme de la difcipline univerfelle de l'églife. Cependant il eft évident
à quiconque a lu, & il le fera pareillement à quiconque lira avec quelque peu d'attention, les deux
paffages cités par ledit fieur évêque, & que nous
avons rapportés, que l'intention de ces deux Conciles n'a jamais été, ni pu être, d'y établir en dogme
de foi, le corps entier de fa difcipline; mais feulement d'y confirmer l'ufage particulier de la commu-

nion fous une feule efpèce, déjà depuis long-temps introduit dans l'églife ; & d'en faire même une loi, pour l'avenir. Pour y voir autre chofe, il faut ref-fembler, comme M. l'évêque Jean, à ces impofteurs dont le Seigneur fe plaint dans Ézéchiel, " (a) qui „ trompoient le pauvre peuple en leur racontant „ leurs vifions & les féduifoient par leurs prédictions „ menfongères. *Vident vana , & divinant men-dacium.*

Seconde infidélité dans le rapport du texte du concile qu'il a cité. C'eft un ufage facré de rapporter les loix que l'on cite dans les mêmes termes qu'elles font conçues. M. l'évêque Jean a méprifé cet ufage. Voici comme il en rapporte le texte. *Habenda eft pro lege quam reprobare, aut fine ipfius ecclefiæ autoritate mutare non licet.* Pour appercevoir la différence qui fe trouve entre ce texte & celui du Concile, il n'y a qu'à le comparer avec le nôtre, qui eft le vrai. Au fur-plus, il faut convenir de bonne foi, que M. l'évêque Jean pour parvenir à fes fins, ne pouvoit guères faire autrement que de l'altérer. Il lui falloit une loi, un décret, un canon pour autorifer fon dogme. La fin de ce texte en a toute la tournure. Il n'y a que le commencement qui contrarioit fes vues. Comment faire ? Nous fentons fon embarras ; il lui eût fallu, par exemple, ces mots : *Univerfa ecclefiæ difciplina.* Enfin il s'eft décidé à changer le cas du premier mot de

---

ſa phraſe ; de mettre *habenda* au nominatif au lieu que dans le vrai texte du Concile , il eſt à l'accuſatif, *habendam.* C'eſt une infidélité ſans doute , mais le plus grand mal pour lui & pour ſon dogme, c'eſt d'avoir oublié de donner un nom ſubſtantif à ſa phraſe , qui fut le nominatif du verbe *habenda ,* laquelle en conſéquence ne ſignifie abſolument rien. Quel dommage d'avoir ainſi perdu ſon temps, ſa peine , & plus que tout cela, l'unique appui de ce cher dogme qui dès-lors tombe au néant !

Troiſième infidélité dans la qualification d'héré-tique , qu'il plaît au S. évêque Jean de noter le ſenti-ment contraire à ſon dogme. Le pauvre homme n'a pas voulu remarquer que le concile de Trente ne lui donne aucune qualification, mais ſe contente ſeule-ment de dire, *non licet* : il n'eſt pas permit ; & que celui de Conſtance ne lui donne que celle de d'Erroné : *Cenſeri debet erroneum* ; laquelle eſt bien différente de celle d'hérétique. Cependant écoutons le ton d'impu-dence & d'aigreur avec lequel il oſe accuſer d'héré-ſie notre Aſſemblée nationale. *Oui,* dit-il, *elle abjure ce dogme par tous les décrets qu'elle a fait ſur la conſtitu-tion de l'égliſe Gallicane ; décrets par leſquels elle anéan-tit toute la diſcipline ancienne pour lui en ſubſtituer une qui eſt eſſentiellement incompatible avec ſes principes conſ-titutifs , ſans la conſulter, ſans permettre même qu'elle donne ſon avis dans une affaire où elle devroit avoir la principale autorité, ſans vouloir ſeulement écouter ſes juſtes réclamations, qu'elle a l'audace de traiter d'inſur-*

ruction & de révoltes. En vérité, M. l'évêque Jean il faut que vous foyez vous-même d'une audace incompréhenfible pour ofer vous exprimer d'une manière fi peu ménagée à l'égard d'une Affemblée auffi refpectable. Au furplus, c'eft affez l'ufage que ceux qui ont tort, crient le plus fort. C'eft quand les preuves manquent, qu'on fe livre à une vaine déclamation, qui, exprimée par un beau langage, en impofe aux ignorans & aux efprits fuperficiels, peu accoutumés à réfléchir & à approfondir les chofes pour découvrir la vérité & s'inftruire. Auffi votre fameux catéchifme n'eft-il deftiné, à ce qu'on dit, qu'à l'inftruction des gens de cette efpèce, des perfonnes du fexe du moyen & du bas étage. Si parmi ce qu'on appelle les honnêtes gens, il s'en eft encore laiffé prendre un grand nombre à la pipée, c'eft qu'entre toutes les claffes de cette efpèce de perfonnes, il ne fe trouve malheureufement que trop fouvent d'autre différence que celle de la fortune.

Enfin, que doit-on conclure de tout ce que nous venons de dire de votre quatrième dogme ? Que c'eft une pure chimère que vous aviez imaginée pour en former l'objet d'une quatrième imputation calomnieufe d'héréfie contre l'Affemblée nationale. Il nous femble auffi, avoir folidement réfuté toutes les autres accufations d'héréfie dont vous l'avez chargée dans votre abominable catéchifme. Que doit-on auffi en conclure ? Que cette augufte Affemblée n'eft donc pas hérétique ; que nous ne le fommes donc pas non plus nous-mêmes, tous tant que nous sommes, qui lui avons fait le Serment de fidélité, & d'observer, maintenir & défendre notre Constitution civile, telle qu'elle a été décrété: "Personne, dit M. de Sponde, dans son histoire ecclésiastique, en l'année 359, n°. X, non personne, ne peut être hérétique malgré soi. *Non nisi volens quis sciens quæ effici potest hereticus.* Or, par la grace de Dieu, nous n'avons jamais cessé, & nous protestons devant Dieu & devant les hommes, qu'avec le secours de la même grace nous voulons & espérons ne jamais cesser de professer la même créance que celle de l'Église romaine, que nous reconnoissons pour la mère Église chrétienne, catholique & apostolique. Notre foi plus pure que la vôtre, M. l'évêque Jean, & que celle de vos fauteurs & sectateurs, parce qu'elle est sans mélange d'opinions & de traditions humaines, nous mettra toujours à couvert des foudres des Papes qui auront la foiblesse de se laisser prévenir par des calomnies.

SOUVERAINE VÉRITÉ, unique objet de la foi chrétienne ! C'est à vous que j'ose offrir ce petit ouvrage, mon premier né, que j'ai engendré dans ma vieillesse. Daignez l'accepter comme un témoignage de mon affection. Bénissez-le, afin qu'il puisse contribuer à votre gloire. Bénissez aussi son Auteur, & faites lui la grace de vous être inviolablement attaché durant le temps & pendant l'éternité. Ainsi soit-il.

*Imprimé aux frais de la Société des
Amis de la Constitution, établie à Beaune.
Le 30 Novembre de l'an 1791, troisième de
la Liberté.*

MARLOT, *Vice-Président,*
GREMAUD, *Secrétaire.*

www.ingramcontent.com/pod-product-compliance
Lightning Source LLC
Chambersburg PA
CBHW061327060726
47596CB00003B/1117